PERCEPCIÓN

VOL 1

by: Alberto Molero

Copyright © 2025

Todos los derechos reservados. Ninguna parte de esta publicación puede ser reproducida, distribuida o transmitida de ninguna forma ni por ningún medio, ya sea mediante fotocopiado, grabación u otros métodos electrónicos o mecánicos, sin la previa autorización expresa y por escrito del editor. Esta restricción se aplica a cualquier forma o medio de reproducción o distribución.

Las excepciones a esta norma incluyen las citas breves que pueden incorporarse en reseñas críticas, así como ciertos otros usos no comerciales permitidos por la ley de derechos de autor. Cualquier uso de este tipo debe cumplir con las condiciones y permisos especificados por el titular de los derechos.

"Feliz el hombre... que obtiene la compresión"
Proverbios 3.13

Prologo

Primero que nada gracias por tomarte el tiempo de abrir este libro, en este mundo donde el tiempo es precisamente lo más valioso a veces puede ser abrumante decidir en qué lo vamos a dedicar, gastar, aprovechar, desperdiciar, invertir y hasta sentir la necesidad de que pase lento o rápido.

Me tome el tiempo de diferenciar las distintas cosas que puedes hacer con el tiempo por que esencialmente son lo mismo simplemente descritas desde una PERSPECTIVA diferente.

El objetivo de este libro es mejorar la calidad de vida de la humanidad a través del entendimiento de la misma, basándome en mi acercamiento personal a la pregunta filosófica de cual es el objetivo de la humanidad? ¿Cuál es nuestra razón de existir?, esta respuesta o conclusión a la que he llegado no satisface en su totalidad por que aun siendo humilde y obtenible... tiende a relucir el ámbito infantil y egoísta dentro de nosotros como personas.

Esta conclusión por más repetitiva que pueda ser ya vista, es clara y es la de ser feliz.

Es usualmente incomprendida debido a que existen muchas maneras de ser feliz y/o en la realidad lo que a unos los hace felices a otros no, y la constante busca por obtener la validación o el apoyo de los demás hace que esta se haga difícil de obtener.

Y SI! La felicidad es un resultado, y es el resultado directo del ejercicio de nuestra libertad, y claro está que mientras menos libres seamos menos felices podemos ser.

La cosa se pone más complicada cuando empezamos entender el mundo y empezamos a sacrificar nuestra libertad y por ende nuestra felicidad en otras cosas, no es casualidad que tratamos de perpetuar la felicidad de los niños, no es casualidad que los protejamos tanto ya que sabemos que esa combinación de inocencia y de imaginación es invaluable en esa etapa de la vida.

Bueno ya basta de indagar tanto en eso porque será explicado más adelante. (TIME)

Sigamos con la introducción...

Este libro es para entender que la perspectiva no solo se refiere a un PUNTO DE VISTA (visión), que es un grave error en la contextualización y el significado de la palabra, ya que la perspectiva es el Entendimiento, Comprensión e Interpretación de la Realidad que rodea a el ser que la experimenta, haciendo uso de Todos sus Sentidos, Instintos, Memorias, Proyección del Futuro, Lógica y Moral.

La perspectiva es lo conecta la conciencia con el Cosmos.

Y a pesar de que la ignorancia sea un privilegio en muchos casos, creo que enfrentarnos a la realidad y tratar de entender sus misterios es probablemente la fuente de felicidad que motiva a las personas que cambian el mundo para mejor.

Es un error grave ser SELF GUIDED por que si ya establecimos que el tiempo es lo más valioso no tiene sentido no querer aprender de los demás y cometer los mismos errores, capaz ni siquiera errores, no hay necesidad de reinventar la rueda, pero me urge una necesidad de expresar mi opinión lo menos influenciada posible, el primer libro será mi opinión personal en estos 28 años de vida, planeo hacer un volumen 2 luego de haber aprendido más, corregido los errores y en el Auge de mi vida con el fin de dar un ejemplo, a través del estudio, trabajo y la disciplina, al final un tercero ya cuando este adulto mayor y crea en conclusiones antes de morirme. (Inicios - Auge - Final) donde se verá de manera clara como la perspectiva cambia con respecto al tiempo. Con el único fin de mejorar nuestra vida juntos en el planeta.

Hago este libro con la intención de aprender de él más adelante, como una cápsula del tiempo y como un ejemplo para mi mismo y para los demás de la manera en como pensaba.

Pido disculpas con antelación si de alguna manera ofendo a los mayores con mi manera de pensar, mi norte nunca será la superposición de mi opinión con la de los demás en temas de filosofía, espiritualidad y hasta en la religión.

Creo que no hay nada más peligroso que estar equivocado y no saberlo y por eso ajusto mi postura a la de siempre aprender, corregir, mejorar y evolucionar, tomando TODO tanto lo positivo para replicarlo y lo negativo para evitarlo.

La perspectiva es también Relativa al tiempo y creo que todos lo hemos notado ya no pensamos como lo hacíamos, hemos crecido y aprendido y eso no nos hace hipócritas o no demuestra que perdemos nuestra esencia es simplemente normal cambiar y lo lógico es cambiar para mejor o aprender más, muchos le llaman a este cambio madurar en la vida yo opino que lo que te hace madurar no es el tiempo en sí sino la cantidad de experiencias significativas en ese tiempo, así mismo puede haber personas de 80 años que han experimentado menos que alguien de 60.

La perspectiva también es contingente al tiempo y las condiciones materiales que rodean al individuo que la experimenta, y SI! la perspectiva es una experiencia, al igual que los colores, un fenómeno que por más común y cotidiano que parezca es parte de uno de los misterios más grandes de nuestra existencia.

Prepárate para darte cuenta de lo mucho que vales, de lo mucho que vale TU TIEMPO, por que si de algo estoy seguro es que no somos dueños de este conjunto de moléculas prestadas que conforman tu cuerpo y de que no somos los creadores de nuestra existencia, pero si somos los únicos que pueden decidir lo que hacemos con nuestro tiempo, convirtiéndonos en seres libres y también podemos decidir que nuestro propósito sea la felicidad sin importar lo difícil que sea.

Invertir nuestro tiempo en algo es sin duda darle importancia, y mientras más importancia le damos a algo más poderoso volvemos a ese algo en nuestra vida.

En este libro tan pequeño voy a mostrar solo la punta del iceberg de los componentes más importantes que conforman la vida como la conocemos y te aseguro que tu vida y tu percepción del mundo van a evolucionar para mejor, **Bueno hora de empezar?**

El principio

Tengo mucho que aprender, vi una frase muy buena que me gustó...

"Daría todo lo que se por aprender la mitad de lo que no se"
Rene Descartes

Lo que no se que se	**Lo que se que se**
Es cuando tenemos algun tipo de habilidad innata o cuando aprendemos algo tan rapido que nos saltamos la secuencia.	Cosas basicas o hasta habilidades que pulimos en nuestra vida, desde como vestirse, como hablar con educacion, como manejar un carro.
Por eso hay que probar cosas nuevas, no sabemos lo buenos que somos para las cosas que nunca hemos intentado	Es lo que me da certeza y me hace sentir que aprendo
Lo que no se que no se	**Lo que se que no se**
Aqui es donde estan los errores, y el peligro de creer que sabemos algo y que sea una falacia.	Normalmente estas cosas son obvias como se que no se manejar un camion, o un helicoptero, o tejer, o reparar un motor de un carro, o medicar a alguien
Es un area peligrosa	Lo que acepto que no entiendo
Es como cuando no conoces una ley, y esencialmente el desconocimiento de la misma no te exceptua de cumplirla o de ser penalizado	Es lo que te permite ser humilde y aprender de los demas y de ti mismo
El enemigo numero uno de el progreso, por eso es que hay que estudiar	

Se que es osado venir a enfrentar un tema como este con mis pocos años de vida (28), sin embargo creo que ya es tiempo de reconocer el tiempo en el que vivo y lo que pienso en consecuencia, la modernidad nos hace sentir que sabemos más que nuestros antepasados, casi como si fuésemos seres más evolucionados cuando en realidad no lo somos.

Creo que el ser humano es más primitivo de lo que queremos admitir pero de alguna forma hemos buscado diferentes maneras de satisfacer esas mismas necesidades primitivas hasta el punto donde ya no somos capaces de reconocer que son esencialmente iguales solo que con una superficie diferente, o si se ve de otra forma es casi como si nuestras necesidades evolucionaron con nosotros pero nunca nos han dejado.

Todo es igual que antes, somos una especie, un animal y el pasar del tiempo nos ha hecho adoptar costumbres, hábitos y estilos de vida diferentes pero que en esencia son exactamente iguales.

La supervivencia, la pelea por el poder, la alimentación, el entendimiento del mundo que nos rodea todo exactamente igual, solo que con una superficialidad diferente, el avance de la tecnología nos ha dado comodidades y ha extendido la vida promedio pero al costo de nuestra dependencia hacia la misma, hoy más que nunca somos frágiles a la naturaleza, como sera vivir sin electricidad ni internet, somos tan dependientes de estos que es impensable que se nos arrebate.

El hecho de que existan personas en el mundo que vivan sin estos lujos es prueba de que no son necesarios, sin embargo creo que lo inconveniente de la tecnología no es su existencia, sino el exceso de su uso y el despilfarro de recursos solo para sustentar la comodidad.

También creo que existe una realidad, y la verdad es lo que nos permite acercarnos a ella.

Con esto me refiero a que existen muchas personas que piensan que cada quien tiene que defender su realidad, pero no es así. Ellos... están defendiendo su verdad, porque "realidad" solo hay una.

El conflicto es inevitable cuando las personas se aferran a lo que creen sin darse chance de entender alguna otra perspectiva.

Todos queremos ser comprendidos a nuestra máxima complejidad y cometemos el error de simplificar la vida del otro, pensando solo en nuestra Perspectiva de la situación.

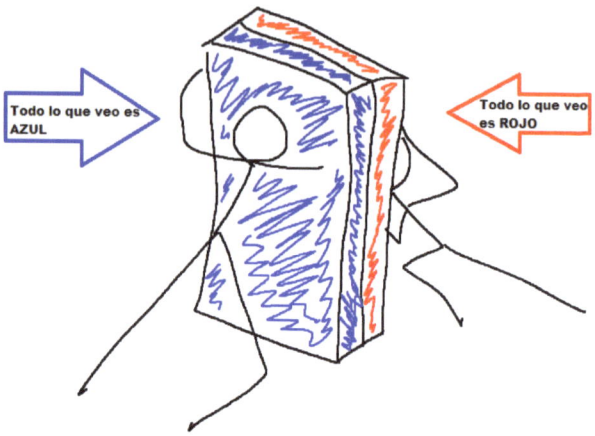

Si todo lo que observamos, recordamos y sentimos nos reafirma lo que creemos es casi inevitable estar cegados por nuestra propia manera de pensar, el desaprendizaje puede ser una de las acciones más dolorosas, por eso es que nos molesta un nuevo jefe por ejemplo, que cambia las formas de hacer las cosas, por eso es que nos molesta que nos corrijan cuando hacemos algo mal, la costumbre y la manera en la que nuestras neuronas crean los recuerdos y aprendizajes lleva una cantidad importante de energía y romper esos vínculos para crear otros no es cómodo en lo absoluto.

Creo que a veces la mejor solución para un problema es el típico, AGREE TO DISAGREE, que no satisface en su totalidad pero soluciona el conflicto al aceptar que ambas partes tienen algo de razón, sobre todo para temas subjetivos, pero algo que es importante es lo innegable que la realidad es ante nosotros, no puedes negar las leyes que rigen el universo y por esto son leyes.

No puedes Cambiar el cosmos, como tampoco puedes Cambiar tu Consciencia.

Pero si puedes Cambiar tu perspectiva.

Apoyar una idea por más lógica, obvia, intuitiva que parezca, no es más que el reflejo de NUESTRA perspectiva, y al apoyarnos en esta sin frenos cometemos un grave error al aplastar la del otro.

Pensar que no existe otra solución para un problema difícil no es más que tomar la salida fácil.

Por eso es que el fin No puede justificar los medios.

No solo desde un punto de vista moral y ético está mal, si no que al ignorar otras perspectivas la humanidad pierde demasiada información, tiempo y vidas humanas.

Como la extinción de las especies, de las culturas y los lenguajes.

La historia ha demostrado que solo el que gana la puede escribir, y me hace pensar que tanto se ha perdido a través del tiempo.

Como también pensar cuanta información ha sido alterada, debemos recordar que somos herederos de todos los humanos que nos precedieron, todas las invenciones, descubrimientos y avances son gracias a que vivimos en el Continuum de inteligencia de la especie y al estar separados de esta perdemos lo construido, olvidamos lo aprendido y volvemos a caer en lo mismo... o al menos ese es el común pensamiento.

No sabemos en realidad qué tan influenciamos estamos por todo lo que nos rodea, alienación de pensamientos, doctrinas, mensajes subliminales, información falsa, la realidad es que el mundo es tan grande que es ridículo querer que la información te conste.

Hoy escribo esto con la intención de expresarme al máximo desde mi núcleo, y se que yo también he leído, visualizado y recibido información de todo tipo pero antes de seguir aprendiendo y estar expuesto a más influencias creo que es importante opinar desde mi perspectiva.

Ese sentimiento de que lo que digo es genuino es lo que quiero transmitir, a pesar de que no somos mas que la acumulacion de todas las corrientes de pensamiento que influencian nuestra vida, familia, gobierno, artistas, amigos, todo lo que forma parte de nuestra vida influye en la forma que pensamos queramos o no, y me parece que está bien ya que hay que entender de que en nuestra especie y en todas la especies la inteligencia es COLECTIVA no es casualidad que las ideas se transmitan de una manera o otra, a través de libros, musica, peliculas, etc.

Si buscas a tu director favorito, cantante, escritor él también no es más que una acumulación de ideas heredadas y propias que lo hacen ser quien es, que lo hacen ser único. Y tú eres igual de único.

Creo que las personas tienen un potencial infinito, de hecho la conciencia es infinita no hay una cantidad medible para lo que puedes aprender, lo único que limita esto es el tiempo y por eso es el recurso más importante en la existencia.

Como las personas tienen un potencial infinito, creo que la vida debe ser preservada a toda costa, y por mas que las personas busquen excusas y razones por las cuales pelear y matarse entre si, recursos, territorios, creencias o simplemente por odio, creo que el peor de los casos es cuando las personas deciden quitarse la vida, el suicidio, si...

Creo que La vida de cada quien le pertenece a si mismo y puede hacer con ella lo que le plazca, creo que el suicidio desde un punto de vista donde exista un proposito, como el de un soldado al ser atrapado y el sabe que lo van a torturar y decide suicidarse para no ser usado en contra de su pais es uno de los casos en la linea de lo justificable.

Pero el suicidio como escape a la vida por el sufrimiento y la depresion es sin duda alguna la SALIDA facil, por mas cruel que pueda sonar.

Y creo que la idea de no querer vivir viene de no entender que nuestro propósito es ser felices o de entenderlo pero de la falsa idea de que es imposible obtener la felicidad por alguna u otra razón.

La manera en que yo veo esto es sencillo, la muerte es GARANTIZADA de hecho, la vida tiene sentido gracias a que sabemos que vamos a morir, y si la muerte será otorgada de manera inevitable por qué apresurarnos a tenerla?, va a llegar, quieras o no, no tiene sentido apresurar lo inevitable, y yo reconozco que hay peores destinos que la muerte pero, debemos luchar por hacer que cada dia valga la pena para nosotros y para los demás, por que cada celula de nuestro cuerpo busca permanecer con vida y por que sin los demás la vida no tiene sentido.

Amar la vida, Amarte a ti y Amar a los demás es la única manera en la que vamos a llegar al auge de nuestra felicidad, y para Amar la vida de verdad es una buena opción estudiarla para intentar entenderla, para amarte a ti mismo tienes que entenderte y aceptarte a ti mismo, y para poder amar a los demás debes hacer lo posible para entender a los demás, todo este entendimiento sólo se va a poder nutrir de TU perspectiva y amor propio, la perspectiva de los demás a través de la empatía, y la perspectiva de dios a través de la Fe.

POR FAVOR NO TE ASUSTES CON EL TÉRMINO "DIOS", SIGUE LEYENDO!

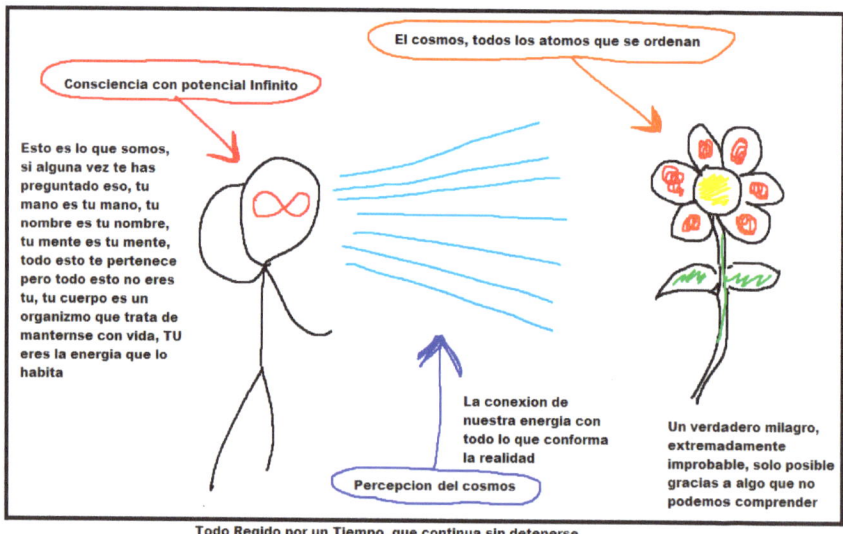

Voy a hacer lo posible por explicar todos los términos que considero necesarios para que el entendimiento de lo que llamo percepción nos de a cada uno más de una razón para amar la vida y estar agradecidos de ella.

En el diagrama de arriba específico que lo que somos es energía, todo lo demás incluyendo nuestro propio cuerpo es parte del cosmos, no podemos cambiar esa energía ni la materia que nos rodea, recordemos el principio de conservación de la masa y la ley de conservación de la energía, no podemos crear ni destruir solo transformala, los átomos que hoy conforman tu cuerpo han estado desde hace millones de años y volverán a la tierra en algún punto, tu energia vino de algún lado, reside en tu cuerpo y va a ir a algun lado despues de tu muerte.

Como nada de esto lo podemos cambiar creo que es necesario en enfocarnos en lo que sí podemos cambiar, que es en efecto la PERCEPCIÓN, y atravez de esto cuidar de nuestro CUERPO que es nuestra herramienta única prestada, y dedicar nuestro "TIEMPO a lo que nos hace ser FELICES que es para cada quien su motivación" **Pepe Mujica**, sin una justi icación lógica... solo por el hecho de ser libres.

El ingrediente clave aquí, es la sustancia más codiciada, si... el amor.

Amor? ¡NO! Primero hay que entender que es el

Tiempo

Gracias a Einstein sabemos que es relativo, pero ¿qué significa esto?

Bueno es que al contrario que la velocidad de la luz no es absoluto, y depende del movimiento de sus observadores, se ha demostrado que tiene una correlación con la gravedad, pero ya dejando el ámbito físico, alguna vez has notado que el tiempo pasa más rápido o más lento?

Yo creo que el tiempo es el RITMO en el cual la percepción del cosmos atraviesa nuestra consciencia y es directamente proporcional a la cantidad de concentración y/o atención que le prestemos a este.

No es lo mismo jugar una partida de league o de fútbol o ver una serie, a mirar un microondas, o el reloj de la pared para ver cuando se termina el turno, o cuando uno está dentro de un sauna o haciendo una plancha en el ejercicio físico, no estoy seguro si es que somos adictos a las actividades que hacen que el tiempo pase rapido o si somos adictos a el tiempo pasando rapido en sí y por lo tanto hacemos estas actividades.

Pero es cierto que es placentero cuando el tiempo pasa volando, bueno a veces, creo que la idea de querer que el tiempo se adapte a nuestras necesidades es un poco de locos, es casi como si el tiempo actuase en nuestra contra, cuando queremos que vaya rápido va lento y viceversa.

No preocuparse por el tiempo entonces será la mejor solución, pero entender su importancia es clave para ser feliz por que una de sus características es que es limitado, todos tenemos una cantidad de tiempo disponible en nuestro dia a dia y en nuestras vida, y si a eso le sumamos que el tiempo se divide en etapas las cuales nos permiten hacer cierto tipos de actividades no hay duda de que debemos aprovecharlo al máximo.

Parece ser de que todos llegamos a la conclusión en algún punto de nuestra vida de que el tiempo es lo más valioso, clásico de cuando se llega a viejo también por que la percepción del tiempo en sí se vuelve mas y mas larga, cuando tenemos 10 años, pues nuestra vida entera son 10 años se siente como si fuera eterno pero cuando cumplimos 50 esos mismos 10 años solo representaron un 20 por ciento de nuestra vida por eso percibimos que los años van pasando mas rapido solo porque representan menos tiempo en la totalidad de nuestra existencia.

Nacimos en el tiempo y nos percatamos de su existencia e importancia mientras más tiempo pasa.

Creo que el hecho de tratar de entender el tiempo y valorar su existencia nos hace convertirnos en seres CONSCIENTES.

Pero el entender que nuestro tiempo aquí es limitado no siempre nos ayuda a entender la importancia de cada experiencia que incluimos en el catálogo de nuestra vida en nuestro repertorio de memorias.

Por eso nos arrepentimos más de las cosas que NO hicimos cuando tuvimos la oportunidad más que de los errores que cometemos, recuerda el resultado puede variar y juzgarte a ti mismo por un mal resultado puede ayudarte a mejorar puede ayudarte a cambiar el curso de tus acciones, pero el hecho de que Haces las cosas es lo que de verdad vale la pena.

Einstein dijo que tenemos que hacer las cosas así seamos malas haciéndolas porque ejercer nuestra libertad así sea ilógica nutre nuestra ENERGÍA.

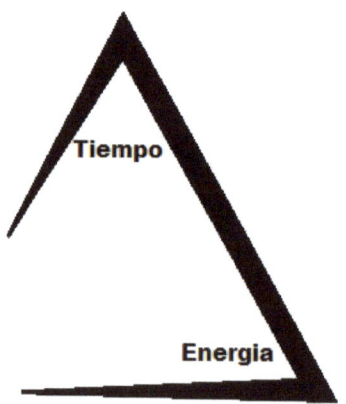

Conciencia y Energía

Definimos un objeto inanimado al observar que no posee ninguna de estas cualidades, y nos identificamos como la especie suprema por que poseemos estas características.

Creo que nuestra falta de comprensión sobre la manera en que la inteligencia y consciencia de las demás especies funciona nos convierte en víctimas de nuestro propio orgullo.

¿Por qué somos más importantes que las hormigas? Por que colocar a la humanidad en la cima de todo, cuando la única razón por la que esto ocurre es debido a nuestra falta de conocimiento, imponemos nuestra perspectiva por sobre todas las cosas cuando en realidad ignoramos nuestras condiciones, las hormigas han estado aquí por 50 millones de años cuando nosotros apenas 200.000 años y lo mas ridiculo es que ni siquiera nos consta.

Todos los organismos vivos luchan por mantenerse con vida, pero nosotros tenemos un ingrediente una particularidad que nos hace diferentes o al menos eso pensamos.

Incluso tu propio cuerpo actúa de una forma, tiene mecanismos de defensa, sueños, ansiedad, hambre, todos estos son fenómenos que están ajenos a tu control hasta que aprendes a dominarlos.

Cuando uno hace ejercicio y va al gimnasio para ponerse divino, la realidad es que es un esfuerzo y un sacrificio enorme por que tu cuerpo está tratando es de sobrevivir y tu lo pones a luchar contra su propia naturaleza, tu cuerpo almacena grasa y te engorda con el objetivo de sobrevivir en caso de que no te puedas alimentar regularmente, muchas veces el reflejo es proporcional a tus hábitos, órganos y fuerza de voluntad y control sobre TU cuerpo.

Recuerda tu cuerpo no eres tú, tu cuerpo está tratando de sobrevivir, tú eres la energía que lo habita.

Si te acostumbras a comer porciones más pequeñas, llega un momento que tu estómago reduce su tamaño y te sientes más lleno o mas satisfecho con menos comida, al igual que lo puedes estirar como las personas que son competidores de comida profesional y pueden comerse 62 perros calientes en una competencia como Stonie y Chestnut.

La cirugía del Bypass gástrico esencialmente reduce de forma quirúrgica el tamaño del estómago para que la persona no sienta el reflejo del hambre. Y así literalmente físicamente no pueda comer y mentalmente no quiera comer.

OK Ya cuerpo separado de la mente y ahora qué? Bueno mira esto otro triángulo

Cuerpo

Esta es la clásica

SER HUMANO

Mente   Espíritu

Bastante intuitivo pero me parece que simplificar algo tan complicado (El humano) a algo tan directo sin tomar en cuenta que las condiciones materiales y el contexto histórico modifican absolutamente todo, este triángulo es el QUE pero no el POR QUE, entender lo que somos no nos da el derecho a regir el universo en torno a nosotros, por qué atribuir propósito a la casualidad del existir no ha hecho más que desencadenar tragedias en el planeta, del mismo modo que definimos lo que somos lo hacemos y atribuimos un pseudo valor en nuestra propia especie, el nacionalismo, el racismo, el nepotismo entre otros fenómenos sociales son el resultado de esta falacia.

Es efectivo seguir un estilo de vida donde se acepta este triángulo ya que, cuidas tu cuerpo comiendo bien y haciendo ejercicio, lees estudias fortaleces tu mente y crees en dios o tienes cierta conexión con una espiritualidad de cualquier tipo dónde la misma nutre tu alma y calma esa sensación de vacío que genera la incertidumbre de nuestra existencia.

"Creo que es un gran don creer en dios y en su existencia, pero no podemos negarnos a conocer la ciencia" **Canserbero**, de hecho creo que la ciencia y la presencia de una inteligencia superior están más cercanos que nada, incluso creo que es más religioso ser ateo que ser creyente de alguna deidad.

Para terminar con el QUE, esta es mi conclusión:

Somos ENERGÍA ($E=m.c2$) y una colección de experiencias a través del tiempo, o a lo que me refiero con esto es que nuestra energia es unica y eso ya es impresionante cuando ves las estadísticas de la cantidad de personas que existen, que se parecen a ti, con tu mismo color, nombre, nacionalidad, ambiciones, gustos, no importa que tanto alguien se parezca a ti o piense como tu, ni que sean gemelos idénticos, tu energía es ÚNICA.

Esa energía depende de una sustancia que mencione brevemente pero que ahora vamos a explotar y es la sustancia más deliciosa y codiciada, muchas veces desacreditada pero innegablemente importante sino indispensable en la vida.

AHORA SI. APRETA ESAS NALGAS, A TAN SOLO UNA PAGINA...

Puedes mentirme a mi, puedes mentirle a todos, pero no te puedes mentir a ti mismo es imposible, por más corny que parezca está claro que lo único que necesitamos para llegar a donde queremos estar es...

Amor

El amor es sin duda, anhelado por todos aquellos que lo han sentido, es el combustible que nos motiva, este tiene distintas formas de manifestarse, pero es claro cuando llega no se puede ocultar, no se le puede mentir.

Cada célula de nuestro cuerpo demuestra un cambio positivo a la hora de experimentar el amor, y hay muchas formas en las que podemos sentirlo, o recibirlo pero aquí quiero empezar desde adentro hacia afuera, ya que el amor propio es el más importante de todos.

Ya que si no te quieres a ti mismo, nadie te va a querer.

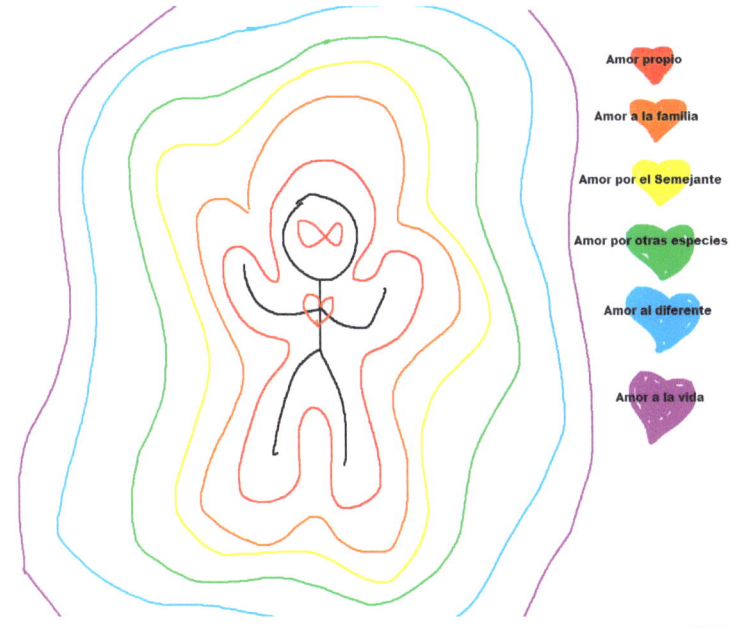

El amor propio se basa en ser tú mismo, en realizar las actividades que te gustan en disfrutar de lo que tu consideras que es bueno, es el más importante por que es el que define lo que tu energía es, recuerda que estás alimentando tu energía y solo gracias a esta puedes avanzar a amar a la familia.

Cuando entiendes que eres un ser especial y te cuidas y cuidas tu libertad abonando con tus pasiones generas empatía por aquellos en tu familia, porque entiendes que ellos al igual que tu tienen estos sentimientos especiales, más allá de un tema biológico tu familia son las energías (las personas) que le dan propósito a tu vida por que comparten tus más íntimas experiencias y al desarrollarse de manera genuina cada persona le da valor a su existencia

La diferencia entre familia y las personas semejantes es que con la familia se comparte la intimidad y la vulnerabilidad del ser, tus mejores amigos se convierten en tu familia al tener experiencias únicas y a veces que son enmarcadas y jamas olvidaras, los momentos buenos y los malos, pero sobretodo los malos por que creo que en ellos se demuestra quien en realidad es la persona, su verdadero color, su verdadera energía se revela y creo que la más atractiva de las características del alma es la genuinidad de la misma.

Podemos apreciar a las personas semejantes y amarlas ya que comparten muchas similitudes con nosotros, el mismo equipo de futbol, misma clase de natación, le gustan los juegos, cierto tipo de películas de terror, cualquier coincidencia a la hora de hacer alguna actividad porque recordemos que esa persona lo hace de manera genuina, y al hacer match es como mágico esa sensación de entendimiento mutuo, algo así como que yo veo lo que tu ves yo tengo una PERSPECTIVA tan parecida que quiero permanecer cerca, siendo más fácil la presencia de la empatía.

El amor a otras especies yo no estoy seguro si se basa mucho en la inocencia o en la belleza de lo desconocido, quien no quiere a su primera mascota? A un perro en la calle, quien no aprecia las aves que vuelan, hasta hay personas que aman y se dedican a los insectos, todas las especies de la tierra tienen un valor infinito al igual que nosotros y existen muchas personas que no llegan a este nivel ya que asumen que los animales no tienen conciencia, o sentimientos, cuando en realidad es que no lo hemos comprendido, el hecho de que no lo veamos no significa que no existe.

> *"Nuestros límites energéticos son tan reales como nuestros límites físicos"*
> **Carl Jung**

La Crueldad a los animales y el hecho que sabemos identificarla demuestra que la empatía no es solo una cualidad de la humanidad, y que es recíproca de las especies, como cuando tu perro o gato te extraña al regresar o cuando alguien muere y los animales se deprimen.

Entiendo que la supervivencia, y la cadena alimenticia ponen un margen a la hora de como y cuando hay que consumir productos animales, pero creo que evitar la violencia en exceso está por encima de todo esto.

El penúltimo peldaño en estas capas del amor es el amor a aquel que es diferente, que es muy difícil de sentir y es la razón por la que los conflictos se resuelven a veces de las peores formas posibles, es entendible que no exista empatía por personas con energías diferentes y con PERSPECTIVAS aún más diferentes, como el ser de una cuadra diferente, un estrato social diferente, un país diferente, un género diferente, una cultura diferente, al no poder entender la razón de ser de los demás muchas veces atribuimos a la maldad, a la mediocridad y a la locura.

"TENEMOS UNA TAREA MUY IMPORTANTE EN LA ESPECIE Y ES LA DE UNIRNOS SIN NEGAR NUESTRA DIVERSIDAD" **Eduardo Galeano**

Y finalmente tenemos el amor a la vida, que creo que es el más difícil de obtener por que a diferencia del anterior donde tenemos un claro camino que seguir, donde se pueden llegar a acuerdos y un funcionamiento de una sociedad que favorezcan a todos sin la necesidad de un enemigo en común.

En esta ultima capa no hay con exactitud un camino, hay muchos ya que en esta capa es el amor a la vida sin importar lo irracional, cruel e incierta que pueda ser, donde nos enfrentamos a desastres naturales, actos de terrorismo, fenomenos de violencia dentro de la sociedad, enfermedades y eventos sobrenaturales que no tienen una explicacion, o un proposito valido.

Donde nos preguntamos POR QUE pasan estas cosas, por que se murio mi hijo en un accidente que no tenía nada que ver, por que le dio esta enfermedad a esta bebe, por qué dios permite que pasen las cosas que pasan, es tan difícil llegar a un punto donde todas estas cosas tengan sentido, que se pierde todo sentido de justicia.

Creo que el 99% de los desastres que han ocurrido y siguen ocurriendo en la humanidad son producto del humano, maldad que a falta de el desarrollo de el amor en todas las capaz genera sufrimiento injustificado, el holocausto, torres gemelas, Hiroshima y Nagasaki, como las dictaduras, las mafias, los asesinos en serie, entre muchas otras cosas.

Hay que recordar que el hecho de que el MAL existe es lo que nos hace ser libres, todos podemos hacer lo malo, pero algunos decidimos no hacerlo ya sea por valores éticos, morales, miedo a dios o el remordimiento, pero debe existir la elección, si no no tendría sentido nuestra existencia, Dios creó un mundo que no se contradice con leyes físicas que no cambian y a nosotros con nuestra característica de libre albedrío, la gente que hace el mal simplemente son ellos siendo libres sin ningún interés en valores como la empatía, el respeto, y la cooperación de la especie, algunos de ellos el resultado de enfermedades mentales, pero en definitiva es gracias a esto que somos libres y que la vida tiene sentido, si no mira ejemplos como Spycopass o La naranja mecánica.

La clave para amar a la vida y dominar esta última capa es la FE, simplemente ten FE en que dios sabe porqué hace las cosas, por que pienso que es imposible creer en un dios a el que podamos comprender, su perspectiva está más allá de la imaginación de cualquier humano.

Y no importa qué nombre le des a tu Dios, o si prefieres llamarlo inteligencia superior, o lo que sea, mientras no se contradigan las capas del amor creo que cualquier cultura está en lo correcto, la Fe es necesaria para ser FELIZ

Libertad Y Felicidad

Son directamente proporcionales

Ya dije que la Felicidad es el resultado directo de el ejercicio de nuestra libertad y con esto a lo que me refiero es que es nuestra elección, nuestro grano de arena, nuestra intervención en la realidad lo que nos hace sentir especiales, no importa que tanto te guste hacer algo, o estar con alguien, o comer algo, si te obligan a hacerlo si no es tu elección ya pierde su magia y su energía.

No existe nada peor que un matrimonio obligado, no nos gusta que nos obliguen a ir a la escuela de pequeños y nuestros padres lo hacen por que nuestra perspectiva es tan ingenua e inocente que es una acción en el margen de lo justificable, el hecho de que no nos guste algo no significa que nunca debamos probarlo al final todo se trata de nuevas experiencias y de comprender las perspectivas que son ajenas a nosotros, pero cuando se nos impone algo por mas lógico, productivo o beneficioso que pueda ser, nos es imposibles ser felices con eso.

Si la vida te da limones, has limonada dicen, pero si yo odio los limones ni de verga voy a ser feliz haciendo eso, ni que vengas siendo hijo de una familia de puros doctores, o ingenieros o abogados si tu energía no quiere nada de eso, no hay manera de que te haga feliz.

> *"Como Vito, Michael y Anthony Corleone.*
> *Aprendamos de ellos".*
> **The Godfather Saga**

En el mundo han existido muchos detrimentos a la libertad, unos mas obvios que otros como la esclavitud, las dictaduras, monarquias, pero ninguno tan destructivo y nocivo como en el de la actual sociedad capitalista y democratica, por que estas en esencia te quitan la oportunidad de combatirlas de raiz.

Si soy un esclavo y la razon de serlo es que soy negro y tengo un grillete en la pierna la solucion es pelear o morir, pero si no soy consciente de que soy un esclavo no existe salida a el cubiculo que habito.

"¿Eres realmente libre? O eres esclavo de la sociedad consumista?, recuerda que el DINERO que ganas te lo ganas con el TIEMPO de tu vida que invertiste para obtenerlo" **Pepe Mujica,** y recuerda que desde el principio ya dije que el TIEMPO es el RECURSO más importante y más invaluable en la vida.

¿Cuánto vale tu tiempo?, Bueno depende de donde estés en el planeta, depende de a quien conozcas, depende de lo que sepas hacer, es muy fácil sentirse contento cuando te pagan más por lo que haces, pero la gente que realmente es feliz es la que no vende ni un segundo de su tiempo por algo que no llena su energía, gente muy privilegiada que es feliz al margen de una sociedad que solo busca el DINERO.

> *"Se ha confundido la Felicidad con el Dinero en exceso,*
> *cuando la vida se te escapa sin retroceso"*
> **Canserbero**

Y cuando combinas esta mentalidad con la generación del Despilfarro encuentras un mundo más danado y deprimido, en el que no hay salida por que no existe otro sistema, y las personas que dominan el sistema entretienen a los demás con contenido y con falsas esperanzas de llegar a la cima, la felicidad no está allí la felicidad está aquí, solo tienes que cambiar tu PERCEPCIÓN.

Criticar al sistema siempre va a ofender a los que son parte de él, creo que existen personas excepcionales que a través del esfuerzo, la disciplina y constancia han logrado todo lo que se han propuesto, pero la búsqueda del dinero por encima de todas las cosas es la razón de tanta depresión a nivel global y explica el por que en la estadística de suicidios a nivel mundial comparando los países con sus riquezas, lo que genera esta búsqueda insaciable del dinero no es más que la pérdida de la energía en el ser, y sin esta no podemos vivir, no podemos ser felices, no podemos amar.

DINERO

Bueno si llegaste hasta aquí, creo que estás listo para leer lo que opino del dinero, y no quiero ser un ridículo al decir que no lo quiero, por que al final el dinero te da tranquilidad, y te da sensación de seguridad y estabilidad y "yo también quiero mi casa con piscina, pero más quisiera no ver más niños en las esquinas." **Canserbero**

Y tu?

El dinero es necesario para el funcionamiento de la sociedad actual y eso es lo único que aprecio de él, pero cuando veo tanto intercambio de tiempo y energía por algo tan inutil como el dinero me arrecha demasiado, por que si te da comodidades que a veces ni necesitas, si te da diversión, tranquilidad, pero en realidad no puedes comprar nada de valor con el, puedes comprar cosas que cuestan mucho pero que NO VALEN NADA.

Puedes comprar un avión, una casa más grande, un carro más rápido y todo esto está bien, pero..

No puedes comprar tiempo, porque no se detiene y nadie es dueño de él...

No puedes comprar el amor

> *"ni las putas más baratas venden sus te quieros"*
> **Canserbero**

No puedes comprar a los amigos, no puedes comprar el sentimiento de satisfacción que da ganarte las cosas, porque la felicidad no está en tenerlas, está en esforzarse y merecerlas.

Todo lo que en verdad importa NO se puede comprar con dinero, se que hay que pagar las cuentas, se que hay que subsistir en la sociedad, pero ten mucho cuidado al cambiar lo más importante por algo tan frívolo y sin sentido.

Creo que todos en la tierra queremos lo mismo pero nos separan los lenguajes.

> *Como en la torre de Babel*
> **Génesis 11:1-9**

언어

Si no conoces el idioma en el que la filosofía está siendo descrita no existe manera en la que entiendas sus PERSPECTIVAS.

Al igual que los colores, la perspectiva es una experiencia individual, pero ¿cómo nos comunicamos? Si la Perspectiva es la información que percibo, que el cosmos envía hacia mi y yo interpreto de alguna manera, ¿como hago yo para interactuar de regreso?

Pues claramente a través del lenguaje!.. Verbal y no verbal, aprender qué palabras significan que sentimientos es difícil, transmitir eso a través de generaciones y tratar de entender cada uno dependiendo a las distintas civilizaciones que conforman el planeta es una tarea muy dura.

Quisiera que un grupo de políglotas que no solo sepan el idioma sino la cultura de cada país se pusieran de acuerdo para crear un idioma, un solo idioma que todos hablen para de esa forma entendernos todos mejor.

Hoy tengo ganas de hacer el mejor libro de todo el mundo, que sea traducido y lo entiendan en todo el mundo.

Amo el idioma hispano por que es más sabroso para describir y para especificar cosas, y amo el ingles por que es rápido y adaptativo, me gusta tomar lo mejor de ambos lenguajes a pesar de que sea un error gramatical.

Pero aun así, en cualquier idioma del mundo está claro que todos tenemos un patrón de comportamiento similar, y desafiar esta necesidad de amor y de revitalización de nuestra energía puede afectarnos de gran manera, hasta el punto que nuestra mente se ve afectada de ideas negativas que nos alejan de lo que nos hace bien, por eso hay que estudiar, por eso hay que leer, por eso hay que experimentar y no solo seguir las corrientes de pensamiento populares y los adoctrinamientos religiosos y nacionalistas sin más.

La mente es muy frágil, y el tratar de entender el mundo que nos rodea y cuando este se contradice con distintas maneras de pensar y distintas formas de moldear la realidad crea una divergencia en nuestra propia Percepción de la realidad, tanto así que podemos hasta llegar al punto de perdernos a nosotros mismos.

"A veces me siento ignorado o incomprendido por estas masas que abrazan lo falto de sentido"
Canserbero

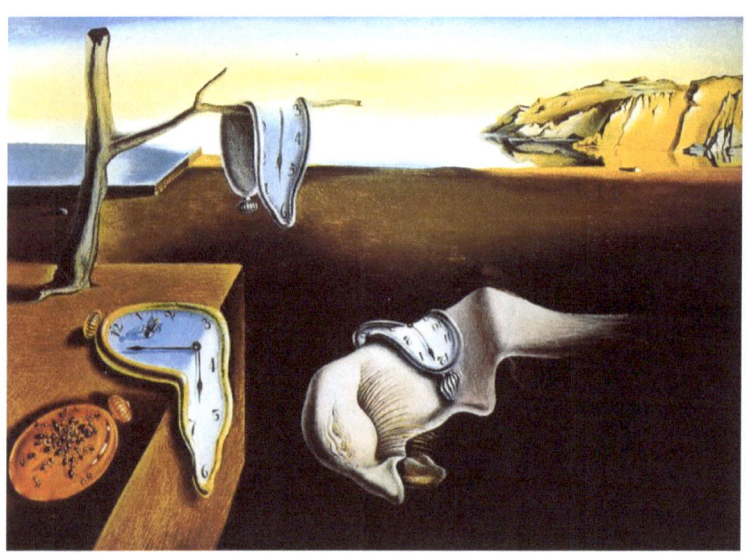

¿Será que estoy loco? o ¿será que todo el mundo está loco? Creo que cualquiera que alguna vez haya dudado de sí mismo se ha hecho esta pregunta, pero a mi siempre me gusta recordar una frase que dice así...

> *"La única diferencia entre Dalí y un loco,*
> *Es que Dalí no está loco"*
> **Salvador Dali**

Cuando uno Percibe el mundo de una manera que mas nadie lo hace somos inevitablemente incomprendidos, pero puede que generemos admiración para aquellos que no lo pueden ver cómo nosotros, como también rechazo por los que se niegan a aceptar que es simplemente una Perspectiva diferente, no una falacia que amenaza SU cordura.

Cuando una persona tiene una visión del mundo, una idea, un impulso creativo, está inevitablemente busca expresarla y plasmarla, en una obra, una película, una canción, un libro, y cautiva a aquellos que creen entenderla (los científicos también son artistas) y repele a aquellos que no se sienten atraídos, al final es simplemente una perspectiva diferente no un acercamiento a la verdad que ponga en peligro la realidad y el orden.

Creo que las personas experimentan cambios en la manera de ver el mundo con respecto al tiempo y notablemente más cuando son introducidos al mundo de las drogas, o cualquier sustancia que cambie tu manera de percibir el mundo.

Las Drogas

Bueno creo que lo primero es entender que cualquier sustancia que altere la manera en la que te sientas es una droga, desde el azúcar hasta las drogas duras que literalmente te ponen en un plano donde te desconectas de la realidad como la conocemos.

Las peores drogas son las que te vende el supermercado, solo que la normalización de las mismas ha hecho que no nos demos cuenta del impacto que tienen en nuestra vida.

Si las vamos a juzgar por su potencial dañino entonces hay que recurrir a las estadísticas.

Una comparación del daño real que las drogas le hacen a sus usuarios y a las demás personas.

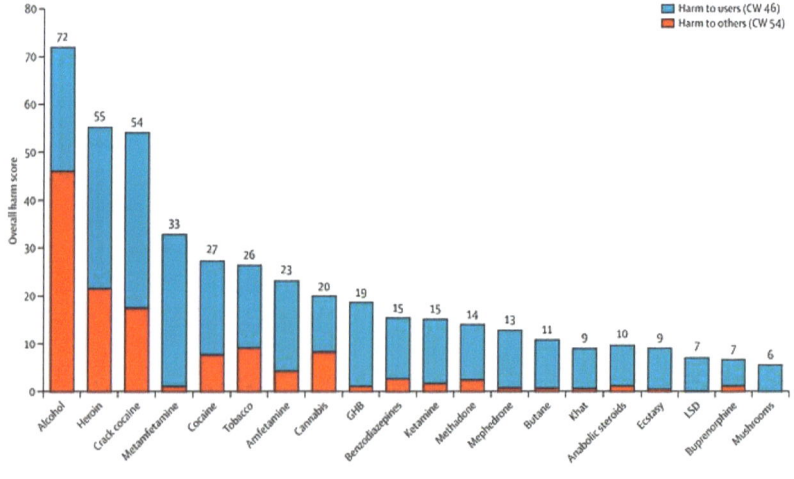

David Nutt (The Lancet)

PERCEPTION

Creo que nuestra mente es más frágil de lo que pensamos y de por sí un cerebro que está tratando de procesar toda la información que viene sin parar todo el dia todos los días, y al exponerla tanto a el abuso de cualquier sustancia es inevitable el daño que se le hace, en especial a la juventud, estudios dicen que el cerebro se desarrolla hasta los 26 años de vida, creo que es una edad prudente para entrar en este mundo, y no quiero que nadie se drogue de nada por ver esto, pero pregúntate que tan adicto ya estas a la comida de mierda y el azúcar?, el azúcar en un jugo de naranja es igual de malo que el azúcar en un helado, la cafeína todas las mañanas, el alcohol los fines de semana.

Los opioides y antidepresivos, parece que la gente no entiende que algo que sea aceptado no significa que sea bueno o mejor, simplemente significa que no es inmediatamente negativo, sino negativo a largo plazo de seguro.

Y ya en territorio de las drogas psicoactivas, me parece que el término HIGH se explica a sí mismo bastante bien, donde a través de la sensación de estar más arriba o de Perspective Enhancer donde se ve el mundo a través de otros lentes, dónde sustancias en nuestro cerebro activan conexiones que de otra manera no o no en tanta cantidad.

Este cambio de perspectiva te puede enseñar mucho, el hecho de ver algo de una manera diferente te hace cambiar tu completo entendimiento al respecto, pero hay que estar claros que es una experiencia individual y en el terreno de la mente que está tan inexplorado o incierto no podemos validar el conocimiento que nos dan las drogas con certeza.

El que se droga es algo egoísta, porque va a un sitio diferente solo, por eso la gente se droga con amigos o en grupo para todos ir a el viaje juntos.

Las drogas deben usarse como recompensas, no como muletas.

Por eso bebemos para celebrar una victoria, o que pasaste un examen, o cualquier logro, se celebra con sustancias y diversión para estar 'A little bit out of our minds".

Todas las drogas tienen una manera correcta de interactuar con ellas, la mejor es no interactuar con ellas en su totalidad, pero sí satisfacer la curiosidad es la prioridad ya que al final somos libres entonces debe hacerse con el máximo cuidado respeto y ayuda posible de amigos, doctores o personal especializado.

Tantas perspectivas diferentes generan lo más absurdo, divisiones dentro de la especie... y es lógico, un montón de seres que ven el mundo y cada quien lo interpreta diferente y si a este zaperoco le añades drogas pues llega un momento que la verdad está toda disociada.

El racismo no es de color, el racismo es de cultura, y solamente a través de el entendimiento de la perspectiva de otras culturas nos damos cuenta la enferma naturaleza del racismo, literalmente es odiar algo que no conoces solo por ser diferente.

Es como decir me gusta el helado de chocolate y odio el de fresa por que es de color rosado, no lo oidas por que es rosado lo odias por que es de fresa, y tomas tu atraccion a nivel muy personal y sin sentido.

El mundo tiene tantas vainas, obviamente existen cosas que no te van a gustar, personas con energías diferentes, situaciones que no son placenteras que debemos enfrentar en el día a día y la cotidianidad de la sociedad.

DEBEMOS UNIRNOS, SIN NEGAR NUESTRA DIVERSIDAD. **Eduardo Galeano**

Imponer nuestra verdad a la de otros, como las personas que dicen que se identifican de una manera diferente solo por sentirse así es un grave error y no debemos permitir que siga sucediendo, cualquier argumento que se contradiga con la realidad que la mayoría percibimos no debe ser tomado en serio, apenas entendemos el cosmos como es imaginate si hubiese que adaptarlo a cada quien... si eres hombre eres hombre, si eres mujer eres mujer, cada célula de tu cuerpo tiene ya ese código genético y no hay manera de cambiarlo.

Puedes vestir como quieras, llamarte como quieras, pero no pretendas que los demás te traten de la manera que tú te percibes, porque es una experiencia egoísta y solo deteriora el funcionamiento y progreso de la sociedad.

"La atracción no es una elección" **Mario Luna**, por eso hay Heteros y homos, cada quien lo que le guste, "pero tu libertad termina donde empieza la libertad de el otro" **Dross,** no intentes desafiar las leyes físicas y naturales que nos gobiernan.

Leyes Naturales

Estas comprenden las variables que son constantes, que no se contradicen y que nos gobiernan son los preceptos que debe seguir el individuo para lograr sobrevivir en el estado de naturaleza, estas leyes incluyen las leyes físicas y El conocimiento empírico que es aquel que está basado en las experiencias, en último término, es la percepción que tenemos del mundo, pues nos dice qué es lo que existe y cuáles son sus características.

Una de mis favoritas es la ley de Murphy que a pesar de tener un acercamiento humorístico es innegable su existencia.

El Karma, ley de Atracción, entre otras.

Así como estas, en la "selva de cemento" **Hector Lavoe** existen muchas leyes oficiales, subliminales, códigos de honor que debemos seguir para subsistir y para poder progresar.

Donde los que no se adaptan, no sobreviven y los que amenazan la paz se les revoca de su valor más importante, la libertad.

En un sentido más global

La humanidad depende de tantas variables para su existencia que es sin duda alguna un milagro, y cada vida individual suma más a ese milagro en sí por el solo hecho de ganar la carrera del espermatozoide.

Y si rozamos la ley de la causalidad creo que nos topamos con el tópico de todos los temas filosóficos, nuestro origen.

Cuando hacemos regresión lineal a nuestro origen, no existe una respuesta que satisfaga a todos, y cualquier teoría que se le quiera atribuir a este fenómeno de la vida en nuestro planeta creo que estamos muy lejos de enterarnos, hace falta priorizar otras cosas para que el mundo sea mejor, el nivel de intelecto que debemos llegar a tener como especie para entender el origen solo se asemeja a el de un DIOS.

Dios

En este mundo causal, existe algo que no es creado que lo une todo y como el mundo goza de seres inteligentes, conscientes y una inmensa belleza natural y cósmica, sólo podemos atribuirle un valor positivo a lo que lo une o a lo que lo creó, un valor a su inteligencia que no podemos comprender.

Yo decido darle el nombre que me fue heredado por toda mi familia y mi cultura, pero entiendo de que no importa el nombre que le demos, hay un dios que no podemos encerrar en nuestro primitivo entendimiento del universo, nombres, imágenes, numeros, nada de eso es, pero al ser lo que nosotros como seres humanos cuasi divinos entendemos, es lo más cerca que tenemos para describirlo.

Creo que el sentido más grande que me impulsa a creer que existe una inteligencia superior es la cantidad de caos que habita nuestro universo, el orden es tan mínimo que es literalmente un milagro.

Es más probable que te ganes la lotería 200 veces seguidas una vez en cada país distinto, a que nuestra vida sea posible.

Y yo tras estar muchos años en una postura agnóstica creo que me he llenado ya de tantos hechos científicos que es innegable para mí la existencia de un dios, mientras más estudias ciencia, mientras mas te adentras en los hechos que nos mantienen con vida, más innegable es su existencia.

Es más religioso ser ateo que ser creyente.

Pero si Dios es perfecto y él creó un mundo con leyes que no se contradicen creo que me atrevería a decir que entiendo algo sobre él, y es que se basa en la combinación perfecta de variables para que las cosas en desorden se transformen en ordenadas.

Lo más cercano a la perfección es el EQUILIBRIO, y ese equilibrio de proporciones lo podemos ver con claridad en el día a día, en fórmulas que son válidas a través de la igualdad (=), en las equivalencias químicas, entre otras...

Equilibrio

Esto es clave, creo que el 99% de todas las cosas en nuestra vida que funcionan dependen de cierto equilibrio, las relaciones, los valores nutricionales, los estilos de vida, y cuando ese balance es perturbado existen consecuencias que en lo común son negativas.

Lo contrario del equilibrio es el exceso, una manera de re-frasear esto es decir, todo en exceso es malo, creo que esto es absoluto y cuando lo aplico a cualquier ejemplo el resultado casi siempre es negativo, no importa lo bueno que algo sea en sí, en exceso termina ocasionando malos resultados.

Aplica esto a tu vida y vas a ver como indudablemente mejoras, balance en la comida, balance en las relaciones, balance en el trabajo, balance en cómo distribuyes tu tiempo.

a tu tiempo es lo más importante y a través de el balance y la correcta distribución del mismo vas a lograr llegar a el peak de tu vida mientras estés en la tierra.

Y SE QUE ES DIFÍCIL, pero debes entender que estas acostumbrado a lo que el mundo te ofrece, somos adictos desde pequeños al azúcar, somos adictos al porno desde la adolescencia, somos adictos al dinero cuando en la adultez nos damos cuenta que es lo que se necesita para resolver pero todo esto NO es necesario, y si dejarlo no es opción debemos hacer lo mejor para equilibrarlo.

Es difícil mantener el equilibrio, por eso solo los más excepcionales dentro de la especie lo logran, ya que a diario nos enfrentamos con un mundo de caos y de situaciones inexplicables e impredecibles.

Pero pienso que estas situaciones son las que nos mantienen con vida, con ganas de mas, con esa sensación de curiosidad de descubrir un nuevo dia, una nueva persona, una nueva partida, es como si fuésemos adictos a esta sensación y estoy demasiado agradecido de que sea asi, como si la vida fuese un puzzle que estamos tratando de descifrar, solo que tu tienes que decidir qué perspectiva eliges para tu vida.

Mi abuela me dijo, "mijo estas cogiendo el tizón por la brasa" y lo que significa es simple, estoy decidiendo ver las cosas desde el punto de vista negativo y sufro al estancarme en ese pensamiento.

Y hablando de ella creo que es hora de contar una de las mejores historias que me gusta dar, que cambió mi vida para mejor y que hoy en día agradezco.

Estaba en Maracaibo, sin luz, sin electricidad, con calor a su máxima expresión, sin saber dónde está mi mamá, lejos de mi papá, lejos de mis hermanos, solo con mi abuela, con hambre por que sin agua no se podia cocinar, frustrado por que la situacion del pais se empeora cada vez y cada vez más, la carrera que elegí para mi no me satisface mas a mi que a mi familia y yo solo buscaba el dinero, mis profesores desnutridos y si ellos son mi ejemplo a seguir que me espera a mi...

Fui a su cuarto y le dije abuela me siento mal, todo está en la mierda, cómo es posible que la gente no se de cuenta que todo es un teatro y que estamos tan desamparados, odio esto que estamos viviendo porque no tiene sentido.

Me dijo, "Mijo, allá está el árbol... anda y colgate", el shock que me dio que su certeza me iluminara, le sonreí y le dije a verga tampoco es para tanto... y la verdad es que nunca es para tanto!!

¿Qué es una raya más para el tigre?

La tenía a ella, tenía un techo, tenía a mis tíos, y a mi familia que a pesar que no la veía ellos están trabajando para que todos estemos mejor, me encerré tanto en pensar que mi vida era una mierda cuando en realidad era privilegiado

LAMP 12 AUG 1997

Ya que estamos hablando de mi quiero escribir una mini biografia o trayectoria, Naci en Maracaibo no se en que punto adquirí conciencia pero recuerdo que nos mudamos a Maracay, a los 6 años recuerdo vivir en montaña fresca, y luego viajar a peru 2 años, vivi en Lima y es la primera vez que recuerdo lo diferente que es la vida en otro pais, la comida, la manera de hablar todo a lo que estaba acostumbrado no era igual, fue una increible estadia. Luego a los 9 de regreso a venezuela, un colegio mas humilde y luego cambio de colegio a la Calicantina, donde pase la mayor cantidad de años, yo siempre he dicho que lo mas importante que me quedo del colegio y la razon por la que vale la pena son los amigos, hermanos de vida que extrano y que son mi motivacion para seguir adelante, al graduarme me mude a maracaibo por miedo, tuve al menos 3 experiencias donde fuimos secuestrados en nuestra propia casa, victimas de el hampa, de la inseguridad y violencia del pais, me mude a maracaibo con mi tia que me ofrecio su casa con todo el amor del mundo y vivi ahi hasta que me mude con mi abuela, y gracias a eso la aprecio tanto y pienso en ella y la extrano demasiado, en medio de mis estudios la crisis del pais se fue intensificando hasta el punto que el estres y lo que mis amigos de la universidad y yo llamabamos "te esta dando una crisis de pais", la infelicidad fue evidente y el cuento de mi abuela me abrio la mente, y cuando mi hermano que valientemente decidio emigrar no la estaba pasando bien decidi tambien salir del pais, pero no fue hasta que hable con mi tio jose, mi ejemplo a seguir, y me dijo "Sabes por que yo estoy donde estoy? Por que yo hago lo que me da la gana, ahora tu tienes que hacer los que te da la gana!, deja de complacerme a mi, a tu papa, a los demas, aqui o alla hay problemas igual, pero tienes que enfrentar los problemas que tu quieras no lo que los demas quieran que enfrentes." Hasta el dia de hoy lo sigo haciendo y no pienso volver con las manos vacias.

En mi vida siempre me he sentido alienado por pensar diferente, siempre estoy en el medio, cuando mis padres se divorciaron en el medio, ni le daba la razón a él o a ella, soy el hermano del medio siguiendo los pasos de el mayor y protegiendo a la menor, con la materia política la izquierda o la derecha, es una mierda ser neutral, pero no lo puedo evitar, si no estoy completamente convencido de algo no lo acepto, ya que todas las corrientes de pensamiento tienen pros y cons pero no tienen por que ser las unicas.

Es un Sufrimiento el ser Neutral por que en el mundo la gente aplica el SI NO ESTAS CONMIGO ESTAS CONTRA MI, y creo que es un error, el mundo no tiene por que ser blanco o negro, creo que existe un espectro en de grises en el medio que nos debe permitir tomar las mejores decisiones.

Soy existencialista, creo en Dios, odio la política y no creo en la democracia, decido no ser parte de esos sistemas que nos mienten y que en realidad no se preocupan por nosotros.

Se considera como **padre del existencialismo al filósofo Soren Kierkegaard.** Fue él quien determinó que cada individuo es quien debe encontrarle un sentido a su existencia. Y agregó que la mayor responsabilidad del ser humano radica en vivir su propia vida de forma pasional y sincera, pese a los mil obstáculos que puedan presentarse.

Esto lo copio y lo pego aquí para que quede claro lo que es el existencialismo, ya esto le quiero agregar una pizca de lo que Ángel David Revilla siempre predica, y es que tu Libertad termina cuando empieza la Libertad de el otro, por lo tanto puedes hacer con tu vida TODO LO QUE QUIERAS mientras no jodas la vida de los demás, y es que todos tratamos de subir, pero no podemos hacerlo serruchando el techo a otros, y también entender de que... SI!! Eres un ser individual pero hay gente que está a tu alrededor que te quiere, y que de no entenderte, debes procurar dar a entender tu perspectiva.

Por último Recordar a mi papá, que en su oficina me dijo la última vez que lo vi en persona, "No te entiendo, ni te apoyo, pero te respeto" haz lo que tengas que hacer, siempre serás mi hijo y siempre te voy a querer.

Creo que el respeto es lo más importante que debe prevalecer entre todas las personas, para poder encontrar la PAZ en la vida y la MUERTE.

Vida y Muerte

La vida es todo lo que conocemos, y la muerte es simplemente lo contrario, la vida es todo lo que entra en nuestra colección de memorias en esencia todo lo que pueda ser recordado o imaginado está presente en la vida, "no se muere el que se va solo se muere quien se olvida." **Canserbero**

Si analizas cada característica de la vida y la pasas al otro lado de la igualdad como en una fórmula matemática encuentras las características de la muerte, por ejemplo la vida es limitada, la muerte es eterna, la vida es esfuerzo, la muerte es descanso entre otras cosas, el punto aquí es que creo que nosotros que somos energía habitamos este cuerpo y cuando el momento llegue y nuestra energía está lista para ir a la muerte, no será más que un traslado a otro plano, otra vida, cuyas características serán definidas por la manera en la que vivas en la tierra.

Todo lo que hagas en la vida lo pagarás en la muerte, porque en un mundo donde parece que la justicia está ausente en muchos ámbitos, la muerte trae balance a la misma, por eso tenemos esa tendencia a creer en el cielo y el infierno.

Sea lo que sea que haya después, estoy seguro de que cada quien tendrá lo que se merece, asi que esfuerzate por merecer lo mejor, por ser en tu tiempo la mejor versión de ti mismo, y amar, ya que la vida es limitada, la muerte es segura y lo único que es eterno es el MENSAJE que transmitimos a los demás.

EL MENSAJE

La inteligencia es colectiva, y con esto me refiero a que estamos conectados todos de una forma que trasciende la manera de comunicarnos convencionalmente, la inteligencia es un fenómeno determinado por el resultado de nuestras acciones y es contingente a el tiempo y al contexto de la situación o a la persona cuyas acciones este perpetrando.

Una persona que viva en una tribu menos avanzada tecnológicamente, no le atribuimos falta de inteligencia, es simplemente falta de una larga cadena de herederos de el MENSAJE y de las experiencias de sus antepasados.

Si tu vas y te caes en un hueco, sufres, sobrevives, aprendes de ello y solo si eres inteligente no volverás a caer, pero si vas más allá puedes hacer un cartel que diga "cuidado aquí hay un hueco", y a través de tu esfuerzo y de perpetuar el mensaje a través de una acción, tu experiencia e inteligencia será heredada por los demas, por que asi tu te mueras, ya el resto de la humanidad entenderá que ahí hay un hueco, y gracias a ti pues se evitaran accidentes entre otras cosas.

El mensaje puede ser algo que perdura en el tiempo más allá de nuestra efímera existencia es nuestra manera de ser inmortales, a través de textos, música, obras físicas, acciones, creaciones que perduran más allá de nuestro tiempo, por eso es tan importante dejar nuestro grano de arena en el mundo.

Mi papa me dijo, todo hombre tiene que plantar un arbol, escribir un libro y tener un hijo, creo que este consejo no debe ser tan literal, a lo que se refiere es que deberíamos esforzarnos para dejar algo de nuestra inteligencia en la sociedad y la especie, capaz no eres escritor, capaz no eres actor, capaz no haces nada bien, pero trabajas y tienes dinero, bueno tambien existen los buenos espectadores que apoyan a las personas y solo a través de tu ayuda como fan o como alguien da su apoyo de alguna manera es que estas personas son capaces de traer sus obras al mundo. Lo mas IMPORTANTE es la ACCIÓN!

Guia para la Acción

Así como podemos decidir cambiar nuestra perspectiva, lo otro que podemos hacer es pasar a la acción, pensar y analizar situaciones nos da la oportunidad de tomar la mejor decisión pero la realidad es que si esperas demasiado el tiempo se te va a pasar y no vas a poder hacer nada.

Ni muy antes, ni muy tarde, es difícil y es por eso que pocos son las personas excepcionales que superan el sistema y logran tener un estilo de vida donde se encuentran la mayor parte de el tiempo en un constante flujo de productividad y bienestar, mientras existen personas que sufren de depresión al no hacer nada, el PEOR ENEMIGO del ser es él HUBIESE, y el mejor amigo es la ACCIÓN.

Estoy seguro que es el sentimiento de remordimiento que más te afecta, el de los POSIBLES PASADOS, que hubiese sucedido si?, torturarte pensando en esto no es más que masoquismo pero llega un momento que ya soportar esto no se puede y debes empezar a hacer, hay gente que tiene momentos de shock que los despiertan, tras alguna tragedia o enfermedad es lo más común, pero por que esperar a que algo tan drástico pase cuando lo que hay que hacer es actuar y es hacer LOCK IN y hacer las cosas con amor, disciplina, respeto, paciencia y estando agradecido, por que si algo es seguro al igual que la muerte es que siempre puede ser peor, no existe otro regulador más fuerte de tu estado de ánimo que la perspectiva en la que decidas ver tu vida.

Siempre habrá gente en una mejor o peor situación, siempre habrá ricos y pobres, se puede ser feliz sin dinero, pero también se puede ser feliz con dinero, no existe razón por la que no, el problema es cuando confundimos la felicidad con el dinero en exceso, se te va a escapar la vida en buscar una cosa o la otra, el balance como ya lo discutimos debe ser la forma en la que organizas tu vida.

Imagina que pudieras ver toda tu vida en una imagen, o espera si puedes...

MEMENTO MORI

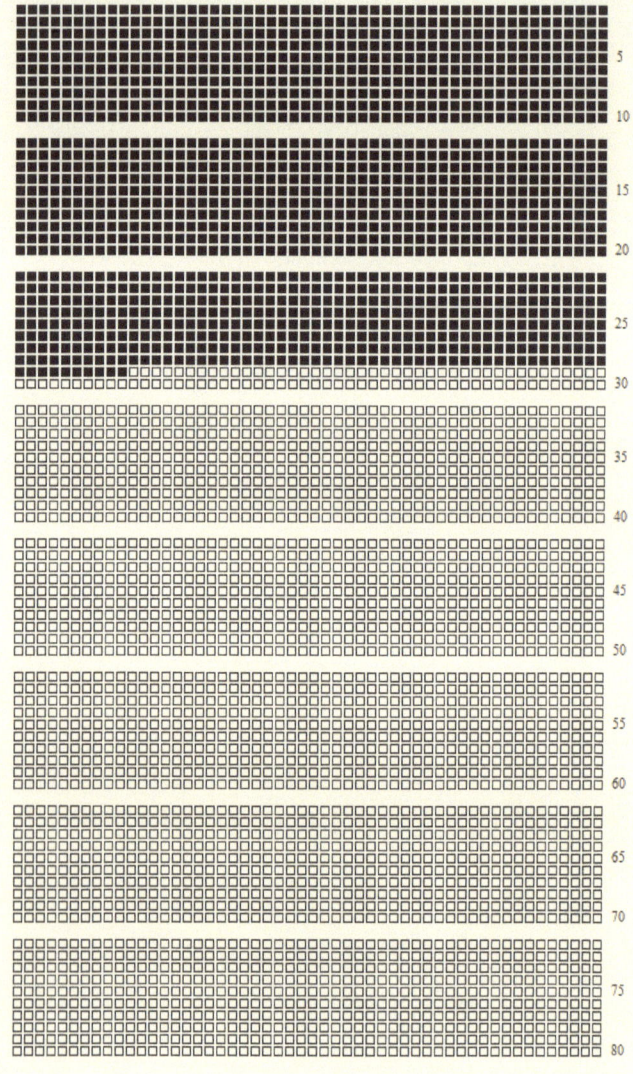

Este es mi "memento mori" es mi tiempo de vida, nací el 12 de agosto de 1997, cada cuadrito es una semana de mi vida, y mira apenas las que me quedan, planeo vivir al menos 80 así que no hay más tiempo que perder.

Te invito a llenar cada cuadrito hasta llegar a tu edad.

Lo que importa es el mañana, asi que agradece y suena!

Recuerda con amor todo lo que hiciste, y trabaja hoy para eliminar de una vez ese HUBIESE.

La muerte será otra aventura, quién sabe.

Pero mientras lo que tienes es la vida es hora de aprovecharla al máximo.

Solo aprovechando el tiempo, podremos mejorar el FUTURO DE NUESTRO PAÍS.

Futuro de Venezuela

Siempre he pensado que, el estar orgulloso de donde uno es no tiene sentido por que no hay merito en el simplemente nacer en algun sitio, o ser hombre o mujer, "blancos, negros, amarillos o rojos, si el color de piel no importa mas que el color de tus ojos" **Canserbero**, todos estos atributos otorgados cuando se sobrevaloran generan racismo, nacionalismo, facismo y no es mas que un sin sentido.

Sin embargo, donde nací es inevitablemente parte de mi historia y es mi única herramienta con la que puedo enfrentar al mundo, desde hace mucho determine con tio Arecio que tu vida la definen 3 variables, la genética, la geografía, y el tiempo en que transcurre tu vida, no es lo mismo nacer venezonalano en el 2015 a en el 1980, no es lo mismo ser judio hoy que ser judio en 1945, no es lo mismo ser musulman después del 911, no es lo mismo nacer en estados unidos, que en venezuela, que en Guinea Bissau, y obviamente no es lo mismo nacer con todas tus extremidades, tus ojos, tus sentidos, y sin algún problema de salud que afecte la normalidad con la que ocurre tu vida.

Sin embargo, Michael Melamed nos ha enseñado que sin importar las adversidades, las dificultades, las estadísticas, la intuición y la lógica de los expertos, las cosas se pueden lograr mientras nos pongamos a la ACCIÓN.

Creo que al ser un inmigrante de un país donde desde el principio interactúe con Peruanos, Italianos, Norteamericanos,

Chinos, Portugueses, Libaneses, Españoles, Africanos, Alemanes y el crecer con tanta familiaridad a todas estas culturas "nos ha hecho sin duda los ciudadanos más privilegiados del mundo, por que un venezolano tiene la mayor capacidad de comprender la humanidad, nosotros deberíamos de usar ese derecho a la cultura que nos dio la historia."
Jose Ignacio Cabrujas
En este presente, con esta crisis de mierda que vive mi país, no me quedan dudas de que nos espera un futuro mejor, ya que todos los que nos fuimos solo estamos aprendiendo lo mejor y lo peor de todas las culturas alrededor del mundo, como si esparcirse alrededor del mundo para sembrar y cultivar experiencias.

Salir del país, viajar y conocer otras culturas es probablemente la acción más privilegiada de todas, por que te permite ver el mundo desde una perspectiva totalmente diferente, aprender con humildad lo pequeña que es tu comunidad y tu país, cuando uno es consciente de la inmensidad del mundo y de la diversidad de formas de pensar es inevitable sentirse más humilde y curioso por sobre todas las cosas se hacen diferentes.

Yo siempre odie comer con cuchillo de sierra y tenedor para cortar un bistec en el plato de vidrio, cuando empeze a comer ramen coreano, kimchi, huevo gooey, kimbap, bibimbap, y aprendí a comer con palitos y la conveniencia del mismo, fue un cambio una vez más de perspectiva, donde agarro lo mejor de cada cultura, dios si pudiera probar el mejor plato de cada país, tener una conversación con una persona de cada país, escuchar una canción en cada idioma.

El punto es sencillo, la inmensa cantidad de inteligencia que se está acumulando de todos los inmigrantes que aprenden de los nuevos sistemas para los que trabajan va a sin duda nutrir nuestro país de regreso, solo hace falta alguien que dé el ejemplo y de alguna forma personas valientes que estén dispuestas a reconstruir lo que se ha destruido.

"No puede haber una revolucion sin evolucion de conciencias" **Canserbero** y esta es la mejor oportunidad, una en la que todos empezamos de cero afuera y aprendemos desde la mierda y la discriminacion, "no solo hace falta un cambio de gobierno pero aquí falta es ponernos a leer y usar los cuadernos." **Canserbero**

Quisiera que todos los colegios tuvieran más atención a materias de filosofía y en venezuela que se escuche mas lo que Arturo Uslar Pietri nos muestra, con nuestro país dando el ejemplo vamos a poder mejorar la región y el MUNDO, no podemos caer en el egoísmo de solo querer paz para nosotros, hay que ayudar a los demas, no podemos permitirnos más miseria y guerras (Rusia-Ucrania).

Futuro del Mundo

Estamos juntos en esta Nave espacial, oscilando a través del universo y creo tarde o temprano tendemos a unirnos como especie, pero el más común de todos los escenarios es el de las tragedias y o enemigos en común, parece como si en el futuro la mayoría de escenarios son todos apocalípticos, demasiado aftermath nuclear y escasez de recursos guerras y genocidios masivos.

Uno de mis ejemplos favoritos del mundo es el de la Película de ficción, Starship Troopers, (es una Sátira a el Autoritarismo, Facismo y el Militarismo) desde que era niño la veía en Venevisión, creo que por esa película me obsesione de por vida con las pelirrojas, creo que fue la primera vez que vi unas tetas tan divinas, pero la relación de esa película con este comentario es la unión del planeta entero, prácticamente una utopía, y cuando piensas en la igualdad o la equidad de la humanidad me pongo a pensar en una escena en específico.

Aqui aparte de las tetas perfectas, lo que se aprecia es que estan todas estas personas, hombres y mujeres dandose una ducha juntos, sin tanta sexualizacion donde hay blancos, negros, hispanos, asiaticos y todos hablan sobre la razon por la que estan ahi, unos quieren unirse al army por una beca, otros por beneficios del gobierno, otros por dinero, la cuestion aqui es que, imaginen el nivel de convivencia y respeto al que se puede llegar cuando la sociedad de concentra en lo que en verdad importa, y es el progreso, de la humanidad, de el planeta y todas las especies que lo habitan, y recuerden no importa que tan individualista sea tu motivacion, con tal de que satisfaga y prevalezca el respeto por encima de todas las cosas, creo que es una razon valida de usar tu tiempo, TU TIEMPO y ahora que entiendes todo esto...

¿Cuál será tu acción?

Plan de Acción

Quiero que escribas aquí, cuál es tu plan de acción lo que sea que tengas en la mente, a corto, mediano y largo plazo, ahora es tu libro así que anótalo.

_____
_____
_____
_____
_____
_____

Ya que el simple hecho de escribir las cosas nos hace entenderlas de otra manera, el hábito de escribir se ha perdido ya con tanta tecnología por eso quiero dar un chance a cualquiera de hacerlo.

Cada uno tiene su propia fórmula para el éxito, lo que importan son los resultados.

Vuelve aquí cuando lo hayas logrado, ya casi estamos llegando al final de esta experiencia, te voy a dar lo que hoy aprecio, lo que aprendi a través del dolor, pero antes debes entender de que no importa lo que hayas escrito aquí, no importa si encuentras la manera de mejorar el mundo sin consecuencias, no importan lo buenas que sean tus intenciones siempre tendrás NUEVOS ENEMIGOS, así que cuidado con la envida, no se lo digas a nadie de ser necesario, ponte a la acción, no digas que vas a hacer las cosas, solo hazlas!

Nuevos Enemigos

El mundo está lleno de todo tipo de personas, y asi como tu, que puede que entiendan o que no entiendan todos estos conceptos que conforman la sociedad, y debes entender de que no necesariamente tienen por que estar de acuerdo con lo que sea que tu tengas en mente, ni por mas logico o altruista que pueda ser, y es completamente normal.

TU MAYOR ENEMIGO ERES TU, YOU AGAINST YOU
Slayer

Reconocer que nosotros somos nuestro principal obstáculo es algo que toma tiempo, al darnos cuenta de que otros pueden avanzar con condiciones similares o hasta peores.

Sin embargo Dominar y reconocer nuestra propia situación no es el único problema que debemos enfrentar, tu eres tu mayor enemigo pero no eres el único, las personas a tu alrededor también buscan lo que tu buscas, la felicidad, la libertad financiera, el placer, el llegar a la cima entre cualquier cosa que se puedan proponer.

La vida es una carrera, como me dijo David Gomez, la vida es una carrera donde todos tratamos de llegar a una meta, y hay personas que empiezan en distintas distancias a esta, hay personas con más ventajas, personas con menos y estas tu en algún lugar de esta en el medio.

Respetar es simplemente correr en tu línea, aprender a correr, aprender a respirar, pero no sabotear la línea de los demás, no amarrarse los zapatos, no amenazar antes de la carrera, por que lo que importa no es llegar a la meta, es hacer lo mejor posible por correrla, dar el mejor esfuerzo, merecerse ganarla, y disfrutar correr.

Respeta a tus enemigos, aprende de ellos y conviértete en la mejor versión de ti mismo, solo así vas a lograr llegar a la meta, y lo siento por el spoiler pero, eso que tu llamas meta... jajaja no termina ahí... cuando llegues te vas a reir. **Laugh Tale?**

Quiero hacer una mención honorífica una vez más, a él mal, o lo que consideramos mal en el mundo y es gracias a este que somos libres y que la vida tiene sentido, hay más gente buena en el mundo, pero el mal es muy ruidoso y por eso se nota más, todos cometemos errores pero debemos hacer lo posible por no repetirlos, debemos concentrarnos en causar la menor cantidad de dolor a los demás y concentrarnos en causar la mayor cantidad de placer en nosotros mismos al mismo tiempo.

El dolor más grande: tiene que ver con la injusticia, tiene que ver con una consecuencia que no corresponde, por eso nos duele tanto cuando alguien es inculpado, o cuando existen desastres naturales o enfermedades en niños, cuando el dolor es injustificado es el que más nos duele en nuestra alma.

Nos sentimos bien al ejecutar a los pedofilos y asesinos, extorsionadores, violadores, ladrones y cualquiera de estos perpetradores porque sentimos que se lo merecen.

El placer mas grande: muchos dicen que es el sexo, muchos dicen que es la comida, otros la paz, creo que todos estos de una forma física los mas notables, pero cuando accedemos a ellas por metodos que no son los correctos, nunca van a satisfacer, por eso hay una distincion importante entre tener sexo y hacer el amor, por eso es que tener una buena nutricion y balance nos hace disfrutar mas la comida, y por eso es que no podemos alcanzar el "Post war Dream"

Parece que la correlación de merecer lo que uno tiene y de hacer lo correcto en verdad definen lo que una persona aporta a la vida.

Creo que el mejor consejo que he escuchado es el de la mama de Roger Waters que es simple, cuando te encuentres un problema lo que tienes que hacer es 2 cosas, la primera estudiarlo, analizarlo, aprender, preguntar, indagar hacer todo lo posible para entenderlo y aprender de él, y luego que termines con esta labor solo queda hacer lo mas facil, lo mas facil es hacer lo correcto.

Hacer lo correcto dice ella, tú sabes lo que es hacer lo correcto, ahora hazlo.

Y si no sabes qué es lo correcto, sigue leyendo, estudiando, hasta que lo sepas.

Epílogo

"Nadie existe por una razón, Nadie pertenece a ningún lado, todos vamos a morir" **Rick & Morty**, por eso creo que cada uno de nosotros debemos tomar cada segundo de nuestra existencia en tratar de disfrutar y ser felices, el dinero no te dará la felicidad pero eso solo lo sabe el que tiene dinero, hay problemas en todos los lados del mundo, pero el problema más grande es limitar nuestra percepción a lo que solo nosotros hemos experimentado.

Las personas son especiales por la cantidad de momentos que viven y la acumulación de experiencias.

Las personas somos como libros infinitos, libros por que tenemos una portada una apariencia una energía que demostramos y sobresale y es lo que los demás perciben, y nuestro contenido es infinito podemos ver y ser y aprender lo que queramos, por supuesto existe un límite físico pero, creo que la realidad supera a la ficción y todo lo que nos podamos imaginar puede ser posible.

Descubrir nuestro lugar en el mundo es difícil cuando estamos tan condicionados a lo que vivimos, pero es indudable que no podemos mentirnos a nosotros mismos, cada quien sabe lo que tiene que hacer, solo es cuestion de hacerlo, sin decir nada, demostrar con el ejemplo y de esa forma mejorar y disfrutar del placer de lograr las cosas por nuestros medios en equipo y con amor con un propósito que va más allá de nosotros mismos.

Hay una línea muy delgada entre estar agradecido y ser conformista, solo tu decides cuando en verdad disfrutas lo que eres y lo que vives y cuando estas simplemente atrapado en la zona de confort y en la muralla de ansiedad que no te permite sentir empatía y los sentimientos que hacen que valga la pena luchar cada dia.

Lo más inteligente que podemos hacer para sobrevivir es seguir los consejos para llegar a viejos, pero lo que te voy a dar son consejos para ser FELIZ.

"El vivo a señas y el tonto a palos" (Consejos para ser feliz)

"Mientras más importancia Le demos a algo, más poderoso lo volvemos"

Que la meta no sea vivir más sino vivir un tiempo de mejor calidad.

No importa desde qué edad empiezan a seguirlos, elimina el HUBIESE y concentrémonos en la Acción a través de al-gunos de mis consejos favoritos.

Haz lo que te guste así seas malo haciéndolo. **Einstein**

Haz el bien sin mirar a quien, ser gentil es gratis.

Haz ejercicio, cuando eres guapo y atractivo la vida es mejor.

Es fácil ser padre pero es difícil ser un hijo, llama a tus padres más seguido.

Cuando hagas acciones altruistas, no lo grabes... te sentirás mejor.

Experimenta siempre que tengas curiosidad pero no hagas estupideces que te puedan poner en peligro, cuida de tu cuerpo y tu vida con el máximo cuidado.

Y si necesitas estar en peligro, o algo que va encontra de la lógica o lo convencional para satisfacer tu libertad

hazle entender a la gente que te quiere que es tu vida y necesitas hacer lo que tienes que hacer, o si no te mueres.

No estás solo, si te jodes tú se jode la gente que te quiere contigo.**Jose Guzman**

Quererte a ti mismo es clave pero no desprecies a los demás, la humildad debe prevalecer por encima de todo.

El que no tiene moral vive para desprestigiarle la moral al otro, por eso no sigas malos pasos por más validado que pueda ser por quien sea.**Zen P**

Estudia y haz lo correcto.**Roger Waters Mom**

No te tomes las cosas de manera personal, no le atribuyas al mal atribuye a la mediocridad.**Carl Jung**

La suerte es cuando convergen la oportunidad y la preparación.**Lucius Annaeus Seneca**

Haz las cosas de la mejor manera posible con la mayor pasión posible, porque nunca sabes quien te está viendo.

All we need is love.**Canserbero**

Cambia tu perspectiva y agradece tu Realidad.

La última esquina es el amor, y mi consejo tiene forma de triángulo..

TRIANGULO DE LUIS ALBERTO MOLERO

La energía es lo que somos, La libertad nos la regaló Dios, El tiempo es nuestro recurso más importante, La felicidad es lo que todos queremos, El amor es lo único que nos hace falta para obtenerla. El dinero necesario para vivir en la sociedad. La libertad necesaria para poder hacer lo que nos apasiona.

Y todo esto regido por el estado emocional que solo puede ser alterado por la manera en que percibes el cosmos

Omne Trium Perfectum Sicut Triangulum

¿Cuántos triángulos viste en este libro?

Indice en el final

La idea detrás de esto es simple, y es que no veas lo que te espera mientras recorres el libro, lo planteado fue para que lo experimentes en ese sentido, como un álbum de música o una serie, al ver el nombre de las canciones y al ver el nombre de los episodios ya se pierde un poco de esa magia que se siente al descubrir los sucesos en tiempo real, la satisfacción del uso de tu propia interpretación de las cosas en las obras de arte es un lujo que está muy infravalorado en un mundo tan consumista donde todo tiene que ser rápido, explicado y entregado directo a la mente del espectador.

La misma razón por la que los libros, se sienten tan satisfactoriamente diferentes que sus adaptaciones, obviamente no en todos los casos especialmente cuando existen tantos buenos guionistas pero en su mayoría que las obras son mejores cuando son entregadas del autor original y generan una conexión casi íntima con el lector o espectador, sin más que agregar aquí está la distribución de capítulos si necesitas volver a algún punto en específico.

En este nuevo ecosistema informático donde todo es un short, un reel, un tik tok, y el cerebro bombardeado de información se lo que cuesta concentrarse, es un logro que hayas podido leer todo hasta aquí.

Prologo … 4
El principio. … 8
Tiempo. … 16
Conciencia y Energía. … 19
Amor. … 23
Libertad Y Felicidad .. … 28
Dinero . … 31
언어 .. … 33
Las Drogas . … 36
Leyes Naturales.. … 40
Dios … 42
Equilibrio. … 44
LAMP 12 AUG 1997 … 47
Vida y Muerte … 50
El mensaje .. … 52
Guia para la Acción … 54
Memento Mori .. … 56
Futuro de Venezuela . … 58
Futuro del Mundo.. … 61
Plan de Acción.. … 63
Nuevos Enemigos … 65
Epilogo … 68
Consejos?. … 70
Triángulo de Alberto Molero .. … 72
Gracias por leer.. … 76
? … 79

Gracias por leer

Gracias a todos los que forman parte de mi vida, incluyendo a todos los artistas que escucho. Las personas que de una forma u otra me han influenciado con cosas positivas y negativas.

Gracias a mi papa por su paciencia y esfuerzo ilimitado, gracias a mi mama por su amor incondicional y su pasión, gracias a mi hermano mayor por ser tan valiente y lidiar con todos los problemas solo, gracias a mi hermana pequeña por ser un ejemplo a seguir y recordarme lo mucho que debo mejorar, Gracias a mis dos hermanos menores que están en venezuela ustedes son el futuro y quiero ser mejor solo para que ustedes tengan lo mejor.

Gracias a mis amigos de la vida que se convirtieron en mi familia y en mis hermanos, solo quiero ser mejor y avanzar para poder tener la libertad de compartir más momentos con ustedes.

Gracias a mi país 'Venezuela' por ser lo que fue, gracias a este país 'Estados Unidos' por darme la oportunidad de redescubrirse, promete hacer lo necesario para unificar este mundo, gracias a mis abuelas y abuelos, tuve el privilegio de aprender de ellos en su tiempo y llevare el legado que me dejaron conmigo por siempre.

Gracias a Tirone Gonzales, Marlon Morales, Pedro Elias, Roger Waters , Tomas Enrique , James Hetfield , Dan Harmon, Eiichiro Oda, Arturo Uslar, Pepe Mujica, Angel

David , Jose Rafael, Led, Adrian Maximiliano, Quentin Tarantino, Hiromu Arawaka, estos algunos de mis ídolos... que por mucho olvidamos que son personas que al igual que tu y yo empezaron la vida llorando y cagandose. Gracias a dios por darme lo que tengo y por hacer de mi vida un desafío que debo superar.

No dan páginas en el mundo para agradecer a todos lo que quiero, y todo lo que tengo por eso lo comprimi al maximo.

Gracias a mi mismo por tomar la decisión todos los días de hacer lo mejor que puedo, gracias a los que me quieren, gracias a los que no.

Este fue el primer volumen...

Ahora soy yo el que tiene que leer, de los grandes autores de la historia aprender de ellos y nutrirme de todo el conocimiento relevante que se ha obtenido en los últimos miles de años, voy a corregir mis puntos de vista erróneos, que a pesar de que fueron equivocados fueron necesarios para lo que me convertiré.

Gracias por leer... quisiera ver tu reacción, como si de todo esto pudiéramos haber conversado, espero que de alguna forma yo también haya logrado llegar a formar un vínculo, una conexión contigo, capaz eres alguien que conozco, capaz se quien eres pero no te conozco en realidad, capas no, no me interesa en lo absoluto, sea quien seas, estés en donde estes, quiero que sientas un enorme abrazo departe de alguien que entiende que:

Polifonía filosófica

Tal vez sea mejor no leer nada y correr el riesgo de que se nos ocurran ideas que ya han sido propuestas (como re-inventar la rueda), que estar tan consciente de esas ideas que no se puedan desarrollar ideas propias.
Una vez que surgen nuevas ideas, no se puede dejar de pensar en ellas; hay un sentido de inmortalidad en la nueva idea.
  Edward De Bono

El primer deber de un hombre es pensar por sí mismo. **Jose Marti**

La diversidad de los hombres proviene de la cultura, no de la naturaleza. A nivel de instintos y mecanismos psicofisiológicos todos somos básicamente iguales. **Arturo Uslar Pietri**

Las principales diferencias entre el hombre de las cavernas y los científicos modernos no son genéticas sino ambientales y culturales. **Jose M. R. Delgado**

El pensamiento no se desarrolla espontáneamente como expresión de capacidades innatas; es más bien el resultado de un largo proceso de aprendizaje. **H. F. Harlow**

No hay razón por la que no podamos enseñar a un hombre a pensar. **B. F. Skinner**

El primer deber de un gobierno es dar educación al pueblo. **Simon Bolivar**

El todo no se puede entender desde un solo punto de vista, que es lo que intentan hacer los gobiernos, las religiones organizadas y los partidos autoritarios. **Jiddu Krishnamurti**

Una sociedad libre siempre ha sido el objetivo final de todas las ideologías, no hay razón para que ese ideal siga siendo una ilusión inalcanzable.
La racionalidad no es simple inteligencia, es inteligencia en un ser libre.
El hombre es un ser para la Libertad, que se hace libre asi mismo.
El desarrollo de todas las personas es posible. **Luis Alberto Machado**

El trauma nos confronta constantemente con nuestra fragilidad y la inhumanidad del hombre hacia los demás, pero también con nuestra extraordinaria resiliencia.
Alegría, creatividad, sentido y conexión: todo lo que hace que la vida valga la pena.
La mayor parte de nuestra energía se dedica a conectarnos con otros. Ningún médico puede recetar amistad y amor. Son capacidades complejas y que se adquieren con esfuerzo. **Bessel van der Kolk**

Y la esperanza... No se trata de esperar, la esperanza es saber que todo lo que está contenido en ti sucederá y se desarrollará. **Xavier Guix**

El Desarrollo regido por el estado emocional que solo puede ser alterado por la manera en que percibes el cosmos y para poder ver al mundo desde la perspectiva correcta, tienes que vertir en tus ojos gotas que contengan amor. **Alberto Molero**

¿El final? ¿El Principio? Es lo mismo...En verdad depende de cómo lo percibas.
TE VEO AL VOLUMEN 2

www.ingramcontent.com/pod-product-compliance
Lightning Source LLC
Chambersburg PA
CBHW042332150426
43194CB00001B/34